AF340622

LA VÉRITABLE LISTE DES CANDIDATS,

Précédée d'Observations sur la nature de l'institution des Candidats, et son application au Gouvernement représentatif.

PAR QUATREMERE QUINCY.

Seconde Édition, revue et corrigée.

SE TROUVE A PARIS,

Chez
Fauvelle et Sagnier, Imprimeurs, rue Neuve-d'Orléans, Porte St.-Denis, nº. 230;
Dupont, rue de la Loi,
Leclere, rue St.-Martin,
Maret,
Desenne,
Durand,
Brigitte Mathé,
} Libraires, Maison Égalité.

AN V, (1797.)

LA VÉRITABLE LISTE DES CANDIDATS.

Par QUATREMERE QUINCY.

L'INSTITUTION des candidats vient d'être essayée plutôt que pratiquée en France. Quelle que soit la loi qui lui a donné l'être, on ne pouvoit pas se flatter qu'une telle mesure répondît dès son début à l'intention du législateur. Plusieurs accuseront la loi du 25 fructidor d'insuffisance dans ses bases, d'imprévoyance dans ses moyens, de stérilité dans ses conceptions. J'avoue que si on regarde cette loi comme créatrice d'une institution morale, politique et philosophique, on trouve qu'elle a trop abandonné au vague d'une exécution éventuelle et insignifiante, un acte qui n'a de valeur que par les moralités qui le produisent, un acte qui cesse même d'en avoir, dès qu'aucune solemnité ne l'accompagne, dès qu'aucune publicité n'en garantit la validité; un acte enfin qui, fait pour éloigner les brigues secrètes, fait pour enhardir le talent modeste, et intimider le mérite présomptueux, repousse le masque de l'anonyme, et dédaigne tous les petits ménagemens de l'incognito.

D'un autre côté, quand on considère la différence qui existe entre une loi et une institution, on est forcé de convenir qu'il y a quelquefois de la sagesse dans la réticence même du législateur, lorsqu'il jette les bases d'une nouvelle institution. Une loi nouvelle doit tout prévoir, parce qu'elle part d'élémens fixes, et n'est autre chose qu'un dévéloppement de principes et de conséquences éprouvés. La nouvelle institution devant créer de nouveaux usages, des mœurs à venir, manque le plus souvent de base et de but déterminé, et ne peut être qu'un germe soumis aux influences hasardeuses du temps et de l'opinion. La loi marche après l'expérience; l'institution la précède. On fait recevoir des loix par force; on ne commande pas des usages. Il faut donc apprivoiser doucement ceux qu'on veut transporter d'un peuple chez un autre, attendre tout du temps, et sur-tout de cette action spontanée qui, dans toutes les générations de la nature, s'observe encore mieux qu'elle ne peut se définir.

On ne sauroit dire à cet égard quelles ont été les illusions de ces soi-disant réformateurs ou régénérateurs de la France, dans tous les cours de politique expérimentale qu'ils lui ont fait subir jusqu'à présent. On les a vu tour-à-tour ou tout-à-la-fois employer les systêmes les plus contradictoires, user de recettes opposées, combiner dans leurs plans mixti-lignes les formes gigantesques de l'empire romain, avec les contours imperceptibles d'Appenzel ou d'Ury; amalgamer la pauvreté de Sparte avec le luxe d'Athènes; placer la liberté politique dans les convulsions populaires de la place publique, et dans la paisible délégation du pouvoir représentatif, c'est à-dire, dans les deux contraires. Enfin, si l'on dénombroit toutes les institutions d'emprunt que chacun a voulu naturaliser en France aux dépens de tous les gouvernemens et de toutes les républiques, même imaginaires, on seroit tenté de croire que la France n'existoit plus, ou n'étoit plus qu'un cadavre abandonné aux dissections des opérateurs.

N'existoit - il donc plus de Français? Ces Français d'alors, et qui sont encore ceux d'aujourd'hui, étoient-ils donc dégradés au point qu'on pût se permettre sur eux l'*experientiam in animâ vili*? Par quel mélange extraordinaire d'orgueil et de mépris de lui-même, ce peuple, si vaniteux lorsqu'il se compare aux autres, a-t-il pu se laisser ravaler au-dessous de la moindre peuplade de sauvages? N'avons-

A 3

nous pas vu un temps, où, devenu je ne sais
par quel prestige le complice de sa propre
destruction, il applaudissoit à ses plus cruels
opérateurs; et dans son délire vraiment suicide,
se dépouillant de toutes ses institutions, abju-
rant tous ses usages, il consentoit à se brûler
lui-même pour revivre de ses cendres.

Étrange aveuglement ! Si ce peuple existe,
si ce qui constitue son existence politique, je
veux dire ses rapports avec les autres peuples ;
si des prodiges de valeur, de constance tant
au dehors qu'au dedans, ont empêché l'histoire
de la révolution de devenir la théorie universelle du crime et de la barbarie, il le doit à
d'anciennes opinions, à ce qu'on appeloit des
préjugés, à ce qu'il traitoit lui-même d'abus
et d'erreur. Il a failli périr par toutes les nou-
veautés; il ne s'est conservé que par quelques
restes de ce qu'on n'a pu détruire.

Grande leçon pour tous les novateurs. Com-
parant toujours ce qui est, avec ce qu'ils croient
pouvoir être, ces hommes voient des défauts
dans ce qui existe, et ne sauroient en voir
dans ce qui n'existe pas encore; car le mal
est toujours en dehors et en évidence dans les
ouvrages faits, comme le bien se montre le
premier dans tous les projets. Le passé, qu'on
prend pour type de l'avenir, n'est pas moins
trompeur encore. L'interposition des siècles
nous dérobe la vraie forme des objets. L'histoire qui nous les rapproche, est un verre trop
souvent imposteur, au travers duquel nous

n'appercevons que des résultats isolés, et dé-
nués des accessoires et des circonstances qui
en balancent la gloire ou l'avantage. Quel
funeste génie est donc celui qui précipite
un peuple vers un faux résultat, et cela par
des moyens encore plus faux. On veut, par
exemple, arriver à la liberté et à la gloire de
Rome, c'est-à-dire, à une éclatante catastrophe,
et l'on n'a pas même les moyens de se ruiner
avec gloire.

Sachons donc profiter des leçons presque
toujours posthumes de l'expérience. N'adoptons
plus de mesure qui ne soit éprouvée par nos
mœurs. Egalement en garde contre la vanité
qui nous rendroit imperfectibles, et cette or-
gueilleuse abnégation de nous-mêmes qui ne
tend qu'à une perfection imaginaire, appelons
au temps et à la nature de tous les essais d'institution ; croyons que c'est à elles à se faire aux
peuples, et non pas aux peuples à se refaire
pour elles ; sachons du moins que jamais les
hommes ne ploient subitement sous leur joug,
à moins que la main de la tyrannie ne par-
vienne les y courber.

D'après ce peu de réflexions, il faut, ce
me semble, louer plutôt que blâmer l'insigni-
fiance de la loi sur les candidats. L'expérience nous apprendra jusqu'à quel point
cette institution est faite, pour se naturaliser
chez nous. Si l'on peut en devancer les leçons,
je crois pouvoir prédire le peu de succès qu'elle
aura. Cette mesure ne me paroît être en rapport

A 4

ni avec les élémens du gouvernement actuél, ni avec la nature de nos mœurs et de notre civilisation.

L'erreur de presque tous ceux qui ont voulu métamorphoser la France, est d'avoir cherché leurs exemples et pris leurs autorités dans des républiques qui n'étoient que des villes. Ces villes dominatrices avoient des territoires plus ou moins étendus, dont le seul rapport avec la république étoit d'en être tributaires : aussi dit-on la république de Rome et l'empire romain ; ce sont deux choses très-peu ressemblantes. On sait bien comment la république parvint à former son empire ; on ne sait pas encore comment cet empire eût pu se former en république. La république n'étoit donc que le gouvernement central de l'empire, et les ressorts de ce gouvernement étoient le patrimoine exclusif du sénat et du peuple de Rome, c'est-à-dire, de la vingtième partie, non pas des habitans de l'empire, mais des habitans de la ville.

Une partie de la souveraineté résidoit dans le droit de vote et de suffrage que les citoyens exerçoient publiquement et directement sur la place publique. Lorsqu'une telle masse d'électeurs se trouve rassemblée, il lui faut pour agir des procédés simples et abrégés. La délégation du droit d'élire en eût été l'abandon. Absurde et ridicule pour des hommes réunis sur un seul point, elle eût compliqué plutôt que facilité l'opération. On ne quitte pas sans nécessité le simple pour le composé. Tout se faisant directement et simplement, il falloit aussi des moyens directs et simples pour captiver cette multitude électorale. Celui qui briguoit les emplois, étoit obligé de les briguer ouvertement : il y avoit à cet effet des signes d'usage, des formes reçues, un cérémonial constant.

Rien de tout cela ne convient au gouvernement représentatif d'un grand pays dont tous les moyens sont indirects, dont tous les ressorts sont composés.

Son principal mobile est l'opinion publique, mobile d'un genre nouveau, inconnu aux anciens gouvernemens, et aux peuples qui n'ont pas eu, ainsi qu'à ceux qui n'ont pas encore le secours de l'imprimerie. L'effet de celle-ci, et de liberté de la presse qui en dérive, est de produire et d'exprimer lentement, et sans secousse, cette volonté générale qui jadis ne se manifestoit dans le *forum* qu'au milieu des tumultes, et couroit si souvent le risque d'y être étouffée. Le tort de nos publicistes modernes est de n'avoir pas assez conçu combien l'usage de l'imprimerie a établi de différences entre le monde actuel et le monde ancien : on peut dire que son influence a tout modifié. Quand un ressort est aussi actif, aussi puissant que celui-là, il faut agir par lui et avec lui; autrement il agit sans nous, et bientôt contre nous : mais quand un ressort a des effets aussi grands, aussi universels, il faut que tout se co-ordonne à son action ; il ne faut plus aller puiser ses exemples dans les machines politiques qui précédèrent sa découverte. Autant vaudroit fortifier aujourd'hui les villes d'après le système de l'antique art militaire.

Le premier besoin des hommes dans un pays libre, est de communiquer entr'eux. Là où la volonté publique fait la loi, cette volonté, pour devenir telle, demande le rapprochement des opinions. Si la république est dans une cité, les opinions se rapprochent par le contact des hommes en assemblée. Dès que la république est un immense empire, le moyen de rapprocher les volontés ne pouvant consister dans le rapprochement des individus, il faut qu'il s'opère par la circulation des opinions. L'imprimerie a établi ce moyen rapide de communication qui remplace celle dont les assemblées du peuple pouvoient jouir. L'imprimerie et la liberté de la presse suppléent au défaut de contact entre les individus ; et comme leurs moyens sont indirects, ils s'amalgament assez bien avec le système du gouvernement représentatif, le seul qui puisse établir quelque liberté politique sur un vaste territoire. C'est donc au développement de l'opinion publique que tout doit tendre dans un tel gouvernement. Mais l'opinion publique est un ressort délicat qui n'admet aucune pression étrangère. Il se fausse dès qu'on met en concurrence avec lui les moyens directs des gouvernemens populaires.

Le mélange de ces deux élémens tend moins à les unir qu'à les neutraliser. Au lieu d'avoir les deux moyens d'être libres, on n'a plus ni l'un ni l'autre.

Quand un peuple nombreux doit faire sur tous les points d'un vaste territoire des élections nombreuses et simultanées, lorsque les ressorts électoraux sont composés et indirects, lorsque le théâtre des élections n'est point une place publique, ce n'est ni avec des listes de candidats, ni avec des robes blanches, qu'il faut frapper les yeux du peuple; il s'agit beaucoup moins de lui présenter des noms et des personnages d'élite, que les principes d'intérêt général, d'après lesquels les hommes doivent être élus. Ce n'est pas sur quelques individus qu'il faut arrêter d'abord son attention; mais sur l'espèce d'individus assortis aux besoins actuels du corps politique, et sur les moyens propres à les reconnoître. Chaque partie du corps faisant dans ses choix la fonction que le tout devroit faire, et l'élection n'étant dans son principe moral qu'une délibération sur les hommes qui méritent la confiance de la nation, il importe que cette délibération soit le plus nationale qu'il est possible; il importe, pour qu'elle prenne ce caractère, de la rallier par des principes à l'opinion publique, plutôt que de l'isoler par des mesures qui ne peuvent être dans notre état de choses, qu'individuelles, partielles ou locales.

Ainsi l'institution des candidats, bonne dans

les anciennes formes de gouvernement, bonne dans la place publique, où ce qu'on appeloit le peuple assistoit en corps, votoit et élisoit, ne convient plus dans un système composé d'élections disséminées sur trente mille lieues.

Je doute encore qu'elle soit analogue à nos mœurs; fût-elle pratiquable, je doute qu'elle fût pratiquée. N'allons pas ici nous faire un injuste procès ; ne nous calomnions pas gratuitement. Quand les habitudes d'un peuple pourroient aussi aisément se modifier qu'il plaît à quelques hommes de le croire; quand il ne seroit pas vrai que les mœurs modernes tiennent à des causes qui n'existoient pas chez les anciens; et quand la plus grande différence entr'elles ne seroit pas celle des temps, qui ne peuvent plus ni se rapprocher ni se comparer, je demande où est la mesure pour juger de la bonté des mœurs ? est-ce par les principes moraux ? est-ce par les résultats politiques ?

Chez les Romains, il étoit reçu qu'on pouvoit demander un emploi; chez nous, il est reçu qu'il faut l'attendre. Chez les Romains, on pouvoit dire tout haut ce qu'on pensoit de soi; chez nous, à peine doit-on dire tout bas ce que les autres en pensent. Chez les Romains, les mœurs permettoient l'orgueil; les nôtres commandent la modestie. Vous appelez franchise à Rome ce qu'ici on appelleroit effronterie. Je cherche là où est le bon absolu, je ne trouve qu'un bon relatif. Je crois que nos mœurs n'eussent pas été de mise à Rome ; je crois que celles de Rome, plus simples, ne seroient pas assorties à un état de choses plus composé, tel qu'est le nôtre.

Maintenant, quant aux effets politiques, a-t-on bien calculé ce que pourroit produire à la longue, dans un gouvernement tout électif, la sollicitation directe des emplois par les candidats. Ceux qui n'y voient qu'une démarche ouverte et généreuse, ont-ils prévu ce que peut devenir, par succession de temps, la demande de certaines fonctions par de certains hommes. Ont-ils prévu ce qu'une semblable initiative, dans la main de quelques ambitieux, pourroit faire naître de troubles et de discordes civiles ? Ne craignent-ils pas que cet usage puisse devenir un jour l'étendard des factions et des chefs de parti ? L'on sait que si les mœurs de Rome autorisoient l'institution des candidats, les loix ne purent jamais en éloigner la brigue et la violence ; et qu'une institution destinée en apparence à être la sauve-garde de la vertu, devint le réfuge de tous les vices, servit d'instrument à tous les crimes, jusqu'à ce qu'elle dégénérât à n'être plus qu'une vaine formalité dans la main de la tyrannie.

Si donc on peut augurer par le passé ce que pourroit redevenir chez nous un tel usage, on ne voit pas que considéré dans ses rapports avec notre gouvernement et nos mœurs, envisagé dans son principe et dans ses résultats, il doive nous offrir la perspective que quelques esprits spéculatifs se plaisent à nous en tracer.

Cependant l'essai qu'on vient d'en faire a produit un bien; il a éveillé l'attention publique sur l'objet le plus important de tous dans un gouvernement représentatif; savoir, le choix à faire des hommes qui doivent remplir les premières fonctions : cet objet est devenu l'occupation générale de tous les esprits, le sujet de toutes les conversations. L'on est convaincu que tous les biens, comme tous les maux, sont renfermés dans l'urne d'où sortiront les noms des nouveaux représentans. Une trop fatale expérience a appris que la grande et l'unique affaire est celle des élections. On désigne des individus, on cite des noms; chacun, selon ses desirs, cherche à faire prévaloir tel ou tel candidat. Cette inquiétude est d'un bon présage. Un tel mouvement; si rien ne le fait dégénérer en accès fébrile, est l'indication de la vie et de la santé du corps politique.

Mais au milieu de cette salutaire fermentation des esprits, l'observateur attentif remarque je ne sais quoi de vague et d'indécis dans le cours de l'opinion. Comme dans ce moment de calme convulsif qui précède l'orage, l'aiguille conductrice éprouve quelquefois des vacillations qui rendent incertaine la marche du vaisseau, il semble que combattue par une foule de passions et d'intérêts contraires qui se la disputent, l'opinion publique tourbillonne et s'agite sans règle et sans régulateur. C'est dans le sein du corps représentatif qu'il faut chercher la cause de ces oscillations.

Le principal avantage du gouvernement représentatif est de se composer dans les individus qui le forment, d'élémens toujours en rapport avec les variations de l'opinion publique. Fixe à-la-fois et mobile, sur son axe, il est, comme le globe que nous habitons, mu par deux puissances qui le balançant tour-à-tour, résolvent le problême politique du repos dans le mouvement. Il trouve en lui assez de force pour résister aux attaques de l'esprit de faction, assez de flexibilité pour se ployer aux besoins successifs qu'amène le cours des choses. C'est sur-tout par la succession et le renouvellement de ses membres, qu'il peut conserver cet heureux équilibre. Les temps de calme voient sans danger la réélection perpétuer les mêmes sujets. Mais les temps de trouble usent promptement les hommes et appelent des changemens plus fréquens. Malheur alors aux hommes qui ne veulent pas changer quand tout a changé autour d'eux, et qui s'obstinent à être les représentans d'un peuple dont ils ne représentent plus, ni les vœux, ni les intérêts, ni les sentimens. Il ne se trouve plus rien alors d'homogène entre les représentés et les représentans. Lorsque par la nature des choses, ceux-ci sont forcés d'être en révolte contre l'opinion publique, ils l'accusent de leur propre rebellion. Prenant l'effet pour la cause, et semblables à cet insensé qui rivoit la girouette du côté où il vouloit que soufflat le vent ; ils croient fixer l'action de l'opinion en s'emparant des journaux et des écrits qui n'en sont que les indicateurs. Il faut alors, ou que la tyrannie broie la nation, ou que la nation, par une crise salutaire, se dégage de tout ce qui altéroit sa représentation.

La composition actuelle du corps représentatif ne permet pas de craindre une crise violente. Les élémens que le nouveau tiers y a introduits, suffiroient pour opérer sans secousse la réélection constitutionnelle. Mais son effet ne suffit pas pour calmer les craintes. On ne peut voir sans effroi la chance possible de réélection pour trois nouvelles années, de certains hommes dont la présence retracera toujours le règne du crime qui pesa si longuement sur la France. Il faut aussi que les hommes qu'on craint, craignent à leur tour. Il est naturel qu'il cherchent à ne pas se dévêtir du manteau de l'inviolabilité. Des deux tiers restans, l'un les éloignera donc de l'élection, l'autre les y portera. Au milieu de ce conflit d'intérets et de passions, le corps représentatif actuel ne représente réellement que les anxiétés de la France, au sujet des élections. Mais nulle direction ne peut en émaner, il faudroit qu'il put se diriger lui-même : et comment le pourroit-il, combattu entre les courans opposés des vagues révolutionnaires qui s'agitent toujours, et des vents contraires qui n'ont pu encore les appaiser.

L'essai

L'essai des listes de candidats paroît moins fait pour calmer ces agitations que pour les accroître. En général, toute mesure qui tend à établir sur les individus la discussion publique, éveille les passions, les irrite, et aiguise de nouveau l'esprit de parti lorsqu'il faudroit en oublier jusqu'au nom. La véritable *candidature*, au contraire, celle de l'opinion publique, celle qui seule convient à notre gouvernement et à nos mœurs, aime à généraliser tout ce que l'autre particularise, elle appelle à elle les lumières de la théorie et les secours du raisonnement. Comme elle veut faire juger les hommes par les choses, et non faire juger des choses par les hommes, elle arrive au même but, mais par des routes plus sûres, mais par des moyens plus doux. Lorsque la première tend à substituer quelques affections locales à cet amour qui doit embrasser la chose publique. La seconde a l'avantage de réunir dans sa circonférence tous les intérêts publics et privés. L'une perd de vue l'ensemble en ne s'attachant qu'à quelques détails, l'autre est certaine de trouver chaque partie dans le tout.

Puis-donc que, vu l'étrange combinaison de ses élémens, le corps représentatif loin d'être le principe de l'harmonie, est lui-même par ses guerres intestines, le foyer de l'agitation morale et de la discordance publique, puisqu'il ne peut en ce moment servir de régulateur ni de point de ralliement aux principes divergents, c'est au zèle des écrivains sages et courageux

B

qu'il appartient de remplir cette honorable mission.

Déjà plusieurs d'entre eux ont essayé de fixer sur quelques hommes l'attention publique. Déjà l'on a proclamé quelques-uns des noms sur lesquels dans plus d'un département semble se reposer la bienveillance commune. Déjà l'on a vu la censure et la louange s'exercer sur divers candidats. Mais il m'a paru qu'il régnoit aussi dans ces discussions, je ne sais quoi, d'arbitraire et d'inconsistant, que plusieurs de ces jugemens étoient plutôt l'écho des préventions ou des affections locales, que l'interprête d'une opinion éclairée, qu'enfin leurs auteurs manquoient aussi bien que le public de cette espèce de module ou de mesure générale, qui peut non-seulement préserver des mauvais choix, mais en opérer de bons, et sur-tout les assortir par toute la France à la nature actuelle de ses besoins.

Ce n'est point par des listes précoces de candidats que l'on obtiendra ces desirables effets, soit des assemblées primaires, soit des corps électoraux. La véritable liste de candidats, quant à présent, devroit consister, non pas dans un tableau de noms exposés à la critique, mais dans le tableau raisonné des principes sur lesquels devroit se fonder cette critique. La vraie table des candidats devroit être, non la réunion des portraits individuels de tels ou tels personnages, mais l'assemblage des traits propres à former le modèle ou le type auquel devroit ressembler

chacun des candidats ; non pas cette liste ma-
térielle où tous les partis inscriront des noms
effrayés peut être de se trouver ensemble, mais
cette série de notions et de règles qui dispense-
roient de liste et de candidats. Ce seroit celle qui
donneroit à tous le signalement des hommes à
élire, qui indiqueroit les signes caractéristiques
auxquels on peut les reconnoître, qui discuteroit
les opinions diverses , dévoileroit les partis,
analyseroit leurs intérêts cachés, et réuniroit
tous les gens bien à une doctrine commune.
Je me propose moins de remplir cet objet que
d'en faire par un léger essai, sentir toute l'importance.

Je distingue au milieu de toutes les nuances
à la faveur desquelles chaque parti essaie de
déguiser ses couleurs; trois opinions relatives
au genre des hommes à élire, et qui doivent
à-peu-près rallier les intérêts et les affections
qui divisent aujourd'hui la France.

La première tend à continuer ou à porter
dans les places les auteurs, fauteurs , complices ou complaisans du régime révolutionnaire.

La seconde vise à faire tomber les nouveaux
choix sur ceux qui ne s'étant prononcés en
rien dans la révolution, et n'ayant encore occupé aucun de ses emplois, ne peuvent être
censés avoir pris part à ses crimes, ni soup-
çonnés d'adhésion à ses erreurs.

La troisième se reporte sur ceux que la révolution a éprouvés, et qui devront justifier

de leurs principes et de leur conduite à ses diverses époques.

La première de ces opinions, si toutefois on peut appeler ainsi ce qui n'est que l'instinct brutal d'une faction, ne sauroit se combattre avec les armes du raisonnement. Montrer l'intérêt qu'a cette faction abhorrée de resaisir son empire , faire voir quelles sont ses forces , quels sont ses auxiliaires , quels seront ses moyens , ce sera avoir épuisé tout ce qu'on lui doit d'argumens, de craintes et de préservatifs.

Ne nous le dissimulons pas , le parti révolutionnaire compte encore plus de partisans qu'on ne pense. Il a pour chefs ces hommes qui regrettent le règne de la terreur, ou regrettent qu'on n'en ait pas fait un meilleur emploi pour eux ; ces hommes qui n'en veulent à Roberspierre que pour n'avoir su ni partager ni perpétuer son empire, ces hommes pour qui la révolution est devenue le signal d'un nouvel apostolat , dont les dogmatiques fureurs, calculent et voient tout dans l'art social, excepté l'espèce humaine, qui ne trouvent d'autre tort à la révolution qu'ils voudroient recommencer, que d'avoir donné le démenti à leurs principes. Ces chefs ont pour soldats ceux qui ne savent jamais haïr dans la tyrannie que le tyran, et qui se réunissent toujours pour servir l'une ou l'autre dès qu'il y a quelque danger à ne pas le faire ; ceux qui , bercés plutôt qu'agités par les mouvemens révolutionnaires , ont trouvé dans la flexibilité de leurs principes les moyens d'éluder tous les coups, et ont le secret d'endormir leur conscience avec l'*opium* de je ne sais quel fatalisme dont ils ont l'air de faire profession, ceux enfin qui n'ont vu dans le meurtre et le pillage révolutionnaire, que le déplacement de quelques molécules, et un mouvement d'atômes un peu plus brusque et plus rapide que de coutume.

On ne sauroit trop, à l'époque où nous sommes, prémunir la France contre un parti ramifié par-tout ; le seul qui, à vrai dire, ait de l'activité, qui semble devenir moins effrayant à force d'être effroyable, mais qui, considéré sous tous ses rapports, embrasse encore et rallie par les plus vifs des intérêts, un très-grand nombre d'hommes.

Les chefs de ce royaume renversé, plutôt que détruit, sont mus par-tout ce qui peut donner aux hommes le plus haut degré d'énergie. Crainte espérance, souvenir des succès passés, ambition trompée, vengeance, fanatisme, ignorance ; tout entretient en eux la soif de régner. Il y a cette différence entre eux et les royalistes de l'intérieur, auxquels on veut les comparer, que ceux-ci se battroient pour une opinion, lorsque ceux-là se battent pour une réalité. Les royalistes veulent un roi, les terroristes veulent être rois. Les premiers aspirent à vivre sous tel gouvernement, les seconds veulent être le gouvernement. Les uns et les autres tendent à redevenir ce qu'ils ont été,

les uns sujets, les autres tyrans. Que l'on compare maintenant ce qu'on doit attendre de ces
deux partis et lequel l'emporte en audace et en
moyens sur l'autre.

Ce parti détrôné ne seroit pas si formidable
sans les alliances secrètes qu'il s'est ménagées.
Des rois dont le trône fut un échafaud, peuvent bien vouloir resaisir leur autorité, mais
à coup sûr le nombre de leurs sujets ne doit
pas être considérable, (les royalistes de cette
espèce ne devroient pas être à craindre.) Cependant s'ils n'ont des sujets, ils trouvent du moins
des auxiliaires dans les lignes des républicains.

Entre les différentes classes de ceux-ci, j'en
distingue deux qui, dans tous les temps, ont
été les subsidiaires des terroristes. L'une se
forme de républicains par peur, les républicains par superstition composent l'autre. Rien
de si important à faire connoître que ces deux
espèces d'ennemis de la république et de toute
espèce d'ordre social.

Toutes deux se rapprochent en un point, c'est
que ce qui constitue selon ces hommes une république, c'est moins la présence des institutions
républicaines, que l'absence d'un roi et plus
encore l'absence du nom que de la chose. Une
république n'est pour eux qu'une idée néga-
tive. Ils croyoient être républicains sous Robes-
pierre. Présentez-leur Alger, une caverne de
loups et de voleurs, où l'empire de Marc-
Aurèle, ils se feront loups, voleurs ou algé-

riens. Toujours poursuivis par les fantômes que la peur leur grossit, ils voient la royauté partout. La coupe d'un habit, l'adresse d'une lettre, la clôture d'une boutique , le chant d'un psaume, l'odeur de l'encens ; tout est pour eux le sinistre augure du royalisme et de la contre-révolution. Si on les avoit laissé faire , ils auroient voulu changer la langue et les règles de la grammaire , détrôner les pronoms et les verbes ; abolir la préséance des nombres. Le soleil les offusque , parce qu'il est seul dans le Ciel , ils voient-là un éternel symbole de royauté. Enfin , cette royauté est pour eux la boëte de Pandore ; tous les fléaux , toutes les calamités renfermées dans celle-ci , ruine, peste, famine, guerre , gouvernement révolutionnaire , tout cela les effraie moins qu'une fève dans un gâteau (1).

Voilà les hommes qui ont grossi la cour décemvirale , voilà les hommes qui attirent encore autour d'eux une foule d'hébétés auxquels ils communiquent leurs frayeurs , et voilà ceux qui donnent le plus d'appui aux partisans de la terreur. S'ils ont consenti à tuer le dragon qui alloit les dévorer , ils en ont semé les dents sur toute la France pour reproduire au besoin de nouveaux révolutionnaires.

---

(1) A Viry, un général républicain de cette trempe , le jour des rois dernier , fit prendre d'assaut tous les gâteaux de la ville.

Ajoutez à ceux qu'on vient de décrire quelques êtres froidement sophistiques, dont l'orgueil ne souffre aucune transaction, et qui aimeroient mieux du haut de leurs systêmes voir la France périr en république, que fleurir en monarchie, et vous aurez dénombré toutes les forces du parti. Ceux-ci ne sont pas difficiles à reconnoître. Ce sont eux qui prêchent que ce que l'on doit le plus haïr après la monarchie, c'est l'anarchie, comme s'il pouvoit y avoir quelque comparaison entre un ordre imparfait et le désordre complet. Ne croyez pas au reste que ce qu'ils détestent ou redoutent dans l'anarchie, ce soient ses fureurs, ses flots de sang, ses rapines, ses dévastations; non, ce qu'ils en craignent, c'est ce qui en est l'effet probable, le retour au gouvernement d'un seul.

Tous ces hommes ont provoqué, toléré et justifié le règne de l'assassinat, tant qu'ils ont cru que les assassins servoient leurs frayeurs ou leurs systêmes. Jamais ils n'ont depuis consenti à un acte juste par le sentiment de la justice. Vous ne leur feriez aujourd'hui professer aucun principe, même le plus vulgaire de morale, de droit public ou privé. Ils craignent les déductions et les conséquences de tout. Ils ne veulent, ni du juste, ni de l'injuste, ni de la ligne droite, ni de l'oblique, parce qu'ils savent que tout chemin peut conduire à la royauté.

Aussi les voit-on aller sans cesse et venir

en sens contraire, protester contre le crime et protéger les criminels, se disculper du régime révolutionnaire et en pratiquer les erremens, haïr les brigans et ne pas aimer les honnêtes gens, se taire et se cacher quand on tue, et venir faire après l'éloge funèbre des assassinés. Ce sont eux enfin qui ont pour système de se *servir des égorgeurs, sauf à s'en défaire après,* c'est-à-dire, sauf à s'en défaire, si les assassins arrivent jusqu'à eux. Il y a, comme on le voit, entre ces hommes qui ménagent des assassins, et les assassins qui les ménagent, bien des points de contact et d'affinité. Leur ralliement s'opère toujours aux momens de crise, ne doutons pas qu'il n'ait lieu dès-à-présent.

S'il suffit de faire bien connoître tous ces êtres révolutionnaires, pour les éloigner des élections; il ne suffit pas malheureusement pour les rendre nuls, d'éventer leurs moyens de trouble. Quoique toujours les mêmes, et toujours grossiers à force d'être rebattus ; ils n'en auront pas moins de succès, tant que l'intérêt et le pouvoir de créer des agitations seront dans les mêmes mains. On doit donc s'attendre à voir la faction révolutionnaire, forte de tous ses auxiliaires, organiser des troubles, faire des provocations, enhardir les bandits, intimider les gens de bien et les hommes paisibles, pour faire désespérer d'avance du succès des futures assemblées. Les chefs de parti, ces êtres hideux que couvre la lèpre du crime, formeroient bientôt une caste proscrite, et l'horreur qu'ils inspirent les rendroit impuissans, mais l'alliance en question leur redonne tout leur pouvoir. Inviolables à force de crimes, ils peuvent tout oser. S'ils dépassent la ligne de leurs instructions, n'ont-ils pas leurs patrons prets à les justifier, et leurs casuistes qui se chargeront de prouver qu'ils n'ont tué que par excès de zèle? Si la force de l'opinion publique, si la sagesse de tous les bons citoyens réussit à opposer à leurs mouvemens provocateurs le calme de la raison et l'arme du mépris, vous verrez jusques dans le sénat ces éternels assembleurs de nuages et de tempêtes, dénoncer l'*insurrection de l'inertie*, s'indigner du repos, prétendre que le temps est venu de raviver l'esprit public, et ce qu'ils appellent le patriotisme, invoquer enfin les grandes mesures. Ce sera là le signal des troubles. De toutes les parties de la France arriveront des faits isolés, des discours vrais ou supposés, des délits naturels ou provoqués, des écrits imprudens ou commandés, qui, réunis dans un point de vue, paroîtront faire une masse de conspiration générale. Ce sera le moment de sauver la patrie. Malheur à nous! S'il faut encore que l'on nous sauve, nous sommes perdus. La violence s'emparera des assemblées, on désunira celles qu'on ne pourra corrompre, on préparera à une vérification de pouvoirs, le moyen d'éluder les choix de la nation; la terreur s'emparera des bons citoyens, et le champ de bataille restera aux

révolutionnaires. Voilà les forces, voilà les ressources de ce parti. Voilà sur quoi comptent
les sectateurs d'un système impie, qu'on auroit
honte de refuter, mais dont il importe, plus
qu'on ne pense, de démasquer les secrets et
perfides adhérens.

La seconde opinion n'a peut-être pas des
partisans moins secrets et moins intéressés;
mais elle doit en compter aussi qui joignent la
bonne foi au désintéressement. Il faut l'avouer,
le projet d'élire des hommes tout-à-fait nouveaux a ses beaux côtés : je lui trouve deux
rapports indirects, l'un de théorie, l'autre de
politique, sous lesquels il peut, non-seulement se soutenir avec quelque avantage, mais
même faire des prosélytes parmi les électeurs.
Faisons voir que de ces deux rapports l'un n'est
que spécieux, et que l'autre est perfide; nous
développerons ensuite la question dans ses rapports directs et positifs.

En théorie, point de doute qu'il ne faille
changer souvent et les hommes et les espèces
d'hommes qu'on porte aux places : c'est le secret
de la liberté politique. Une fréquente rotation
prévient la rouille des mauvaises habitudes,
excite l'émulation des uns, déjoue l'ambition
des autres, assouplit tour-à-tour et apprivoise,
en les amalgamant, ces deux passions qui se
partagent le cœur humain, l'amour de l'autorité et le desir de l'indépendance. Cependant
quelles proportions et quelle mesure peut-on
assigner à un tel renouvellement d'hommes?

En changer aussi souvent qu'on le demande, suppose, ou un bien petit nombre d'emplois, ou un bien grand nombre de concurrens. Quand on voudroit ne faire l'application de ce vœu qu'aux seuls emplois législatifs, la difficulté ne diminue pas, puisque le nombre des hommes capables se détermine, non par la quantité, mais par la qualité des places, par leur importance et le degré de mérite qu'elles exigent. Tout en ce genre suit cette proportion morale. A-t-on donc oublié que lorsqu'on voulut rendre les emplois les plus simples de tous à la portée de tous, on s'apperçut après coup qu'en France à peine la centième partie de ses habitans savoit ce qu'on peut appeler écrire et compter. Il n'y a sûrement jamais eu de pays qui, en si peu de temps, ait fait autant d'élections en tout genre. Eh bien, que l'on suppute ce que ce crible a fait connoître d'hommes, je ne dirai pas dignes des regards de la postérité, mais dignes de rappeler sur eux ceux de leurs concitoyens, et l'on verra combien il y auroit peu à compter sur les richesses que l'élection n'a pas encore exploitées. Je ne veux pas déprécier les dons de l'avenir ; mais qu'il soit permis au moins de les calculer d'après l'expérience du passé. Si l'on met encore en compte toutes les pertes occasionnées par les ouragans révolutionnaires, comment se flatter qu'une élection toute nouvelle puisse offrir l'espoir d'une abondante moisson ?

Prenez, dit-on, des propriétaires, et vous ne

manquerez point de candidats nouveaux. Oui sans doute, nous voulons des propriétaires, parce que des législateurs sans propriété font bientôt des loix contre elle; mais nous ne voulons pas de propriétaires qui ne soient que cela; nous voulons qu'ils aient l'esprit de propriété, mais nous leur voulons aussi de l'esprit en propriété, et un bon esprit, un esprit juste, éclairé, étendu, outre cela les qualités du cœur et quelques talens. Croit-on qu'il y ait en France deux cent cinquante propriétaires doués de tous ces dons, et que la révolution n'a mis encore dans aucune place ? Ce spécieux système repose sur un faux calcul des hommes moralement éligibles. Qu'on en déduise tous ceux que leur âge, leurs affaires et leur état rendent forcément étrangers aux emplois législatifs; ceux que leur ignorance ou leurs infirmités en éloignent; ceux que leurs mœurs et leur mauvaise réputation doivent en éloigner. Je ne veux pas parler des autres incapacités créées par les nouvelles loix; et l'on verra que déduire encore ceux qui ont déjà occupé des emplois depuis la révolution, c'est réduire le nombre des éligibles presque à rien.

Si de faux calculs appuient ce système, de fausses espérances peuvent aussi l'avoir fait naître; mais le souvenir des maux passés, et le sentiment profond de leur cause, sont ce qui lui donne le plus de consistance. Quelque perfide emploi qu'on puisse faire des considérations suivantes, il importe à leur réfutation de n'en point atténuer la gravité.

« La révolution, vous dit-on, est un mot qui sert de cause, de prétexte et d'excuse à tout ; mais une révolution considérée, abstraction faite des hommes, n'est plus qu'un être de raison. Qu'est-ce que c'est qu'un changement arrivé dans une société d'hommes, et qui en a bouleversé tous les élémens, froissé tous les intérêts, brisé tous les liens ? Qu'est-ce qu'un tel mouvement, si ce n'est le mouvement des hommes eux-mêmes ? Est-ce le mouvement de tous ? C'est ce que quelques-uns prétendent. Est-ce seulement le mouvement de quelques-uns, communiqué à tous ? C'est là le point de la question. Mais ce qui n'est plus douteux pour personne, c'est que ce mouvement a tourné au profit des uns, au détriment des autres. En jugeant d'après les effets et d'après cet axiôme de probabilité *is fecit... cui prodest*, on est naturellement induit à croire que ceux-là sont les auteurs des maux qui en ont recueilli le fruit. Ce fruit le plus apparent est dans l'autorité et les places qui la donnent. Continuer ou replacer dans les emplois ceux qui les ont dûs à la révolution, n'est-ce pas perpétuer la cause de ses maux ? n'est-ce pas, à coup-sûr, mettre en opposition avec l'intérêt de la France, qui est de terminer la révolution, l'intérêt de ceux qui n'ont d'obligation qu'à la révolution même. »

« La France, ajoute-t-on, s'est vue conduite au plus haut degré de calamités qu'il soit donné aux hommes de souffrir sous les règnes successifs de trois assemblées nationales. Ces assemblées ont eu tous les pouvoirs; elles ont usé de tous, excepté de celui de faire le bien. Il n'en est pas de ce qu'on appelle assemblée, comme de ce qu'on appelle révolution. Si les élémens de l'une sont plus ou moins moraux, plus ou moins fugitifs et intellectuels, les élémens de l'autre sont positifs et connus. Le mal fait par ces assemblées a été fait par les hommes qui les composoient. Quelle funeste manie pourroit donc faire choisir les médecins dont la France a besoin parmi les auteurs même du mal qu'il faut guérir. »

« Autant en doit-on dire de toutes les autorités contemporaines ou subsidiaires de ces assemblées toutes assorties à elles et à leurs principes. Ceux qui ont figuré dans tous ces degrés, ont plus ou moins aidé au développement du principe destructeur de l'ordre social, par leurs discours, par leur silence, de fait, ou de consentement, par action ou par omission. Comment pouvoir se décider à remettre en de telles mains les instrumens propres à rétablir l'économie sociale. Il est très-peu d'hommes parmi eux qui, remis ou conservés en place, n'aient des intérêts à ménager, des opinions à venger, des amis à excuser, des ressentimens à satisfaire, des égards d'amour-propre à carésser, des systêmes ou des essais avortés à faire triompher. Repasser par les mains de ces hommes, c'est faire repasser la France par les ornières, les chocs et les contre-coups qui l'ont déjà meurtrie, c'est mettre autant d'écluses au cours de la justice et de la vérité, qu'il se trouvera de passions intéressées à perpétuer le règne de la révolution. »

« Des hommes neufs, au contraire, la termineront, parce que, n'étant liés d'intérêt avec aucune des causes qui l'ont produite ou empoisonnée, ils n'auront d'autre point de vue que celui de l'honneur, et que leur honneur sera d'être les sauveurs de leur pays; leur emploi, d'ailleurs, ne sera pas difficile; ils n'auront d'autre bien à faire que de cesser de faire le mal, d'autre ordre à établir que de ne pas s'opposer à l'ordre, d'autre systême à suivre que d'abjurer tous les systêmes. Il ne s'agit que de laisser les élémens de l'ordre social s'amalgamer d'eux-mêmes, que de suivre et de protéger la tendance naturelle des hommes et des choses à se replacer selon leur affinité. Ce n'est que par des hommes nouveaux qu'on peut espérer d'arriver à cet état de choses si desirable. Voilà les plus beaux aspects de ce systême, qui, s'il manque de justesse et d'analyse, n'est pas tout-à-fait privé de vraisemblance. »

Avant de l'attaquer en face, faisons remarquer deux graves inconvéniens qui en sont la conséquence indirecte.

Le

Le premier consiste dans une espèce de proscription morale de tous les hommes qui ont pris activement part à la révolution. Or, rien ne peut mieux servir le parti des assassins, que ce manque total de distinction entre les partis ; rien n'est plus propre, que cette confusion de toutes les nuances, à redonner de la force à la faction révolutionnaire, à diminuer l'horreur qu'elle inspire, à rejeter dans ses lignes une foule d'indécis ou de peureux qui se croient rassurés en se rangeant sous les drapeaux de ceux qui, ayant commis tous les crimes de la révolution, voient dans son maintien le garant de leur impunité.

Le second danger caché derrière cette opinion, consiste en ce qu'étant dans son genre un extrême, elle appelle et provoque l'autre extrême, c'est-à-dire, l'élection des terroristes. Terminer la révolution est le vœu de tous les gens de bien, mais entre ce vœu et celui de la contre-révolution, il y a quelques points de rapprochement, dont la confusion peut faire encore bien des maux. C'est sur cette espèce de champ de bataille neutre que combattent aujourd'hui les hypocrites de tous les partis. Terminer la révolution, c'est cesser de faire en bien des choses ce qu'on a fait, c'est en bien d'autres faire le contraire, et en quelques autres différemment. Ainsi il n'y a pas de doute qu'il ne faille cesser de spolier, d'exproprier, de proscrire, de violenter, de tuer. Mais non-seulement il faut cesser de le faire,

C

Il faut même faire cesser le soupçon et la crainte de toute possibilité de représailles en ce genre. Or, préparer pour successeurs à des hommes plus ou moins révolutionnaires, des hommes sans aucun rapport connu, l'on ne dit pas avec les crimes et les erreurs de la révolution, mais même avec ses opinions à quelqu'époque que ce soit, c'est tout au moins menacer ceux qui doivent sortir, de trouver plus que des censeurs dans leurs remplaçans, c'est leur faire voir des persécuteurs dans leurs héritiers. Une telle crainte ne pourroit qu'exciter en eux et faire naître le projet, ou de se perpétuer, ou de se choisir des légataires parmi leurs pairs ou leurs complices. De ces deux chances la dernière seroit la pire. Car ce qu'il y auroit de plus funeste aujourd'hui, ce seroit le désespoir qu'inspireroit à la France le mauvais succès des élections. Ne doutons pas d'ailleurs qu'une transition brusque ne soit faite pour allarmer tous les esprits. Le système des hommes nouveaux pouvant cacher toutes sortes de projets ultérieurs et d'arrières pensées, paroît donc moins un calmant de révolution, que le symptôme d'un nouveau principe inflammatoire. Mais considérons-le en lui-même.

Est-il bien vrai que des hommes neufs seroient les plus propres à guérir les maux actuels de la France. Oui sans doute, si ces hommes étoient tels que les songes de l'imagination, peuvent seuls nous les présenter. Mais il faudroit que de tels hommes descendissent du Ciel. Il faudroit que doués d'une intelligence surnaturelle, ils connussent toutes les passions humaines et ne participassent à aucune. Il faudroit qu'exempts de foiblesse, de crainte et de haine, ils sussent par l'ascendant d'un génie supérieur, enchaîner toutes les factions et marcher sans déviation vers la justice. Mais je me demande ce que peuvent être aujourd'hui parmi nous des hommes nouveaux, c'est-à-dire, dégagés de toute affinité avec la révolution.

Si l'on prend la peine d'analyser un instant cette révolution qui ne devoit être que le changement du mal en bien et du bien en mieux, et dont on ne sait quelle fatalité a interverti l'ordre et perverti tous les moyens. Quand on considère que cette révolution a marché d'abord par un assentiment et par un entraînement général. Quand on réfléchit que dans le principe tous les ordres de la monarchie, toutes les classes de citoyens qui l'avoient votée, y ont concouru par des routes différentes. Quand on fait attention que dans l'origine l'amour du bien, bientôt après la crainte même de l'excès dans le bien, ensuite le sentiment du devoir, puis celui de la peur, enfin, la violence ont porté à ce nombre incalculable d'emplois un nombre indéfinissable d'hommes ; on se demande, quels sont donc aujourd'hui ceux qui auront pu échapper à cette contribution forcée, quels sont les privilégiés qui auront pu se soustraire à cette levée générale.

Et l'on se répond, de tels hommes n'auront dû ce privilège qu'au hasard, à l'adresse ou à la lâcheté. Si c'est le sort qui les a exemptés de la taxe révolutionnaire, quel argument peut on tirer de-là en leur faveur. A coup sûr ce sont des êtres nuls.

Si leur adresse les a favorisés, leur adresse doit encore les rendre suspects. De quelle dissimulation auront-ils eu besoin ? Que de sacrifices secrets n'auront-ils pas faits à chacune des déités que chaque jour voyoit naître. Quel fonds pourroit-on faire sur le caractère d'hommes, dont les principaux talens auroient été la dissimulation et l'hypocrisie.

Si la lâcheté a été leur sauve-garde contre les regards de la révolution, qu'ils continuent de s'y cacher, et il est probable qu'ils n'auront pas même besoin de cet avis.

Au reste, on ne prétend pas faire de cette théorie une règle exclusive. S'il se trouve des hommes qu'une heureuse obscurité, que leur modestie ou des calculs honnêtes ont éloigné jusqu'à présent des places, et que de sûrs garants y appellent pour la première fois, qu'ils viennent grossir les rangs, toujours trop foibles des vrais amis de la république, de l'ordre et de la justice. On ne sauroit désirer trop de recrues en ce genre. Aussi n'est-ce que sous le point de vue général de ce système, et dans ce qu'il présente d'exclusif et d'absolu dans un autre sens, que j'ai résolu de le combattre.

Pour peu qu'on ait réfléchi sur les nombreuses causes des malheurs de la révolution, on est forcé d'en voir la principale dans ce débordement d'hommes nouveaux appelés tout-à-la-fois, à des emplois nouveaux comme eux. Ce mal pouvoit être moindre, mais il étoit en partie l'effet inévitable d'un commencement de choses. Dans ce noviciat universel, où tout le monde alloit du connu à l'inconnu, hommes et choses et événemens, tout fût plus qu'on ne pense, mené par ce qu'on doit appeler le hasard. Et il faut en convenir, quand on voit tous les chefs vrais ou supposés, victimes eux-mêmes de leurs plans réels ou imaginaires. Dans le fait, qui auroit pu diriger des élémens, dont toutes les combinaisons étoient plus ou moins fortuites. Au fonds, les élections n'ont été jusqu'à ce jour qu'un jeu plus ou moins mêlé de hasard, d'adresse ou de violence. Mais la cause de tout le mal remonte aux premiers choix. Leur vice tint à l'impossibilité où se trouvoit la France, de prendre alors des hommes éprouvés. Si l'expérience de ce mal ne nous avoit pas rendus plus sages, il faut avouer que nous ne mériterions pas même la pitié. Ce seroit cependant au même piège que le système des hommes nouveaux voudroit nous reprendre. Comment, ce qui nous a égaré pourroit-il nous sauver. Prétendons-nous nous redresser par la même méthode ou par son contraire.

C 3

Les hommes ont deux manières de faire le bien ou le mal, par les places qu'ils occupent ; la première consiste dans le plus ou le moins d'aptitude, de capacité spéciale à l'emploi où ils sont appelés ; la seconde, moins apperçue, quoique plus importante, repose dans le sentiment plus ou moins juste, plus ou moins profond, de la nature des emplois ou des fonctions qu'on doit remplir. C'est sur-tout dans l'enfance d'un gouvernement, que l'apprentissage des vraies proportions de chaque chose est funeste à la chose publique. A cette époque les hommes sont comme les enfans qui ne connoissant les rapports de rien, veulent atteindre à tout, et pour ne s'être encore point mesurés, croient pouvoir tout ce qu'ils veulent. L'homme nouveau dans une place nouvelle, ressemble à l'aéronaute, entraîné par les courants, et ne trouvant de point d'appui que dans la nacelle qui l'emporte. En général les emplois se mesurent mal par ceux qui y sont et par ceux qui n'y ont pas été. Je crois que tout l'avantage en ce genre doit appartenir à ceux qui n'y sont plus. Il y auroit beaucoup à gagner d'y rappeler plusieurs de ceux que la leçon du passé doit avoir instruits. Il y auroit trop à perdre d'avoir encore à payer les leçons et les essais d'une nouvelle génération de fonctionnaires.

Débutans sur ce théâtre nouveau pour eux, il leur faudra beaucoup de temps pour se mettre en rapport avec tous les intérêts et tous les mouvemens d'un ordre de choses, dont la rapidité les entraînera, et qu'ils ne pourroient arrêter sans compromettre le salut public. Manquant de cette tradition des choses, des événemens, de ce fil conducteur que possèdent ceux-là seuls qui ont assisté en personne aux différens actes de ce drame politique, étrangers au jeu de toutes les machines, aux intérêts de tous les partis, à la tactique et aux manœuvres des agitateurs, ignorant les moyens de les combattre par eux-mêmes, par le rapprochement de leurs doctrines, par les contradictions de leurs principes, ces hommes nouveaux deviendroient le jouet des factieux ; loin de leur servir de contre-poids, ils en seroient involontairement les auxiliaires, ils confondroient toutes les époques, et ne voyant la révolution qu'en un point, ils manqueroient de ce discernement, de cette justice distributive qui doit séparer la cause de la nation de celle des scélérats qui auroient voulu nationaliser leurs crimes.

Si vous les considérez comme continuateurs des travaux purement législatifs, quel fruit attendre d'hommes qui, n'ayant eu que par les sommaires des journaux, la connoissance de cet ensemble de loix jusqu'à présent manufacturées sans ordre et sans méthode, n'auroient aucune des connoissances préliminaires à leur débrouillement. Que pourront-ils faire dans ce cahos sans être instruits de l'esprit de ces loix, des motifs de circonstance qui

les ont dictées, des intérêts particuliers, des
prétextes qui les ont inspirées, des temps, des
hommes, des factions qui les firent naître.
N'ayant été initiés à aucun de ces travaux,
ils ne pourront ni coopérer fructueusement
à leur refonte, ni porter dans leur examen les
notions analogues à leur nature. Toujours en
avant ou en arrière sur toutes les matières, il
faudra qu'ils se réduisent au rôle passif de
spectateurs.

Ce seroit pire, si ce nouveau métal dans
l'amalgamme projeté, alloit donner à la masse
une rapidité de fusion qui tendit à une ex-
plosion funeste, si l'extrême opposition des
esprits devoit produire des chocs violens, et
renouveller ces déchiremens politiques au
milieu desquels la France et la liberté.........
Mais détournons les yeux, et cherchons dans
la dernière des opinions ce point de médiation
et de ralliement que la raison, l'expérience
et la modération nous avertissent de saisir.

J'ai réservé à l'appui de cette opinion la
réfutation d'une partie de la précédente. L'une
étant l'inverse de l'autre, il étoit difficile que
leur discussion ne s'entrelassât point. Je vais donc
répondre ici à quelques-unes des considérations, sur lesquelles nous avons vu qu'on essaie
de fonder l'exclusion des hommes qui ont déjà
servi dans la révolution. J'ai fait voir que
leur exclusion n'auroit pour prétextes que
des motifs spécieux ou dangereux. Je vais montrer que le plus fort de tous les argumens, celui

qui se tire des maux opérés sous leur règne, porte sur des données aussi fausses qu'injustes.

Tout s'étant à-la-fois trouvé nouveau en France, comme je l'ai déjà dit, la nation s'est vue dans la triste nécessité de faire l'apprentissage de toutes ses institutions. Personne n'ayant sur-tout l'expérience ni la théorie des assemblées politiques, on s'est formé les idées les plus étranges de leur action et de leurs effets. On vouloit qu'un nombreux assemblage d'hommes n'eût qu'une volonté, ne formât qu'un vœu. La violence essaya d'obtenir ce que la nature des choses refusoit. Dès-lors un parti d'opposition, cet élément naturel d'une assemblée, effet, principe et gage à-la-fois de sa liberté ne put avoir lieu. La chose devint enfin impossible à mesure que les assemblées perdant du caractère législatif s'emparèrent du gouvernement. Dans une assemblée qui a le malheur d'être gouvernante, un parti d'opposition devient aux yeux de la majorité un parti de rebelles. Elle fait tout pour l'exterminer, sans songer que celui qu'elle détruit sera immédiatement remplacé. Le parti d'opposition fut avili par l'assemblée constituante, chassé par la législative, assassiné par la convention.

Il s'agit moins ici au reste de cette théorie particulière que du résultat de ses effets applicable à la discussion présente. Or le plus évident de tous, est qu'on ne peut sans pousser jusqu'au délire, l'extravagance et l'injustice, rendre responsables en masse tous les membres d'une assemblée des fautes de l'assemblée. Rien ne peut être collectif sous ce rapport. Lorsque des oppositions de sentimens , de systême entre les membres d'une assemblée , ont été jusqu'au scandale , jusqu'au déchirement, jusqu'à la mort ; il n'est malheureusement plus permis d'enfermer dans un même cercle les auteurs de pareils dissentimens. La confusion n'est plus possible, et il n'appartient qu'à la mauvaise foi la plus caractérisée d'envelopper dans la même réprobation des hommes qui furent les deux contraires.

Puisque ces discussions ont mis dans le plus grand jour et toutes les contrariétés et toutes les variétés d'opinion de principes, de caractères, pourquoi ne puiseroit-on pas aujourd'hui dans ce recueil si abondant les nuances qui peuvent s'assortir à l'état présent, au besoin actuel de la législation et du gouvernement. Pourquoi ne profiterions-nous pas du discernement forcé que nous avons dû faire de tous ces hommes que le mouvement révolutionnaire a fait si rapidement passer sur la scène. Et ce que je dis de ceux qui ont rempli les fonctions législatives s'applique également à tous les autres emplois, et à la classe nombreuse des émérites en tout genre.

Pourquoi, je vous le demande, donneriez-vous l'exclusion à tous ces hommes comme ayant fait partie des corps ou des autorités

auxquelles vous attribuez tous les maux? N'est-
ce pas pour éviter la récidive des mêmes maux.
Mais en ce cas répondez-moi, Qui pourra
vous donner une meilleure garantie de son
opposition à leur retour, que ceux-là qui,
dans leurs postes respectifs, ont attaqué sans
relâche les principes et les auteurs de ces
maux, qui ont bravé tous les périls, affronté
la proscription et la mort? Qui pourra vous
donner de plus sûrs gages de sa valeur à défendre la cause de l'ordre et de la justice,
que celui qui a déjà combattu pour cette
cause, et qui se présente à vous aujourd'hui
fier de ses exploits passés, et des honnorables
cicatrices de la vertu. Est-ce parmi de nouvelles recrues ou parmi les vétérans que vous
trouverez les meilleurs garans des victoires
à venir?

Mais dites - vous ils ont été vaincus, le
triomphe des scélérats ne l'attestât que trop :
la défaite suppose foiblesse ou lâcheté.

Je pourrois vous répondre d'abord, s'ils ont
été vaincus, c'est toujours la preuve qu'ils
ont, combattu et qui peut encore avoir pour soi
l'avantage d'un tel préjugé. Mais comment n'ap-
perçoit-on pas ici le même genre de déduction
et le même vice de raisonnement, qui consiste à rendre solidaires chaque partie pour
le tout? S'ils ont été vaincus, c'est qu'ils n'é-
toient peut - être pas assez nombreux, c'est
que l'insouciance de ceux pour lesquels ils
combattoient n'a su ni enhardir leurs efforts,

ni recruter leur armée. S'ils ont été vaincus, c'est que tous les soldats de ce parti n'ont pas tous fait également leur devoir, c'est qu'il s'y est trouvé des êtres foibles, temporiseurs, pusillanimes. Pourquoi, d'après l'évènement, confondre ensemble ceux qui ont lâché pied, et ceux qui sont restés jusqu'à la fin sur le champ de bataille. Tout au plus une telle manière de voir seroit admissible dans le cas où il s'agiroit d'enrôler de nouveau la totalité des hommes en question. Mais l'élection prochaine doit être pour eux un véritable scrutin épuratoire. Ce n'est pas une conscription générale qu'on propose, mais une élite d'hommes qui devront montrer leurs titres et justifier de leurs services.

On a objecté contr'eux précisément leurs titres et leurs services. On suppose que des hommes qui ont déjà servi dans la révolution, reporteront dans les emplois le levain des préjugés, des opinions, des intérêts dont le développement a produit la terrible fermentation que nous avons éprouvée.

J'ignore ce que, selon le calcul des probabilités, cette opinion peut avoir de force; j'ignore de quel côté le risque en ce genre seroit le plus grand, dans l'alternative du choix d'hommes éprouvés ou d'hommes inconnus: cependant j'ai peine à concevoir comment ceux-ci offriroient plus de sûreté que ceux-là, dont les principes ont été déjà mis à découvert par une conduite publique, qui déjà ont pris avec leurs concitoyens et avec eux-mêmes, des engagemens solemnels, qui auroient leurs propres exemples à suivre, et ne pourroient, sans abjurer leur propre doctrine, déserter les étendards de l'honneur et de la morale.

Je vais plus loin, et, dans l'hypothèse de la probabilité de cet inconvénient, je soutiens qu'au lieu d'être à craindre, il seroit peut-être souhaitable.

On parle toujours des maux actuels, et de la guérison dont la France a besoin, qui peut en douter? Mais pour suivre cette métaphore banale, il entre dans la science du traitement, non-seulement de connoître les moyens de guérison, mais aussi de prévoir les périodes et le terme du rétablissement.

Qui doute que plus le mal a été grave, plus la convalescence doit être longue et la guérison éloignée? Quoique ceci ne soit que spéculation, personne n'en contestera la certitude; personne, en conséquence, ne niera qu'en fait de convalescence, la méthode la plus sûre de reculer est de vouloir hâter la marche de la nature. Cela est encore plus vrai au moral et dans le sens figuré. De quoi pourroit-on donc soupçonner quelques-uns de ces médecins, qu'on suppose devoir prendre plus d'intérêt à la maladie qu'au malade, et dont les systêmes curatifs pourroient allonger la cure? Ce seroit d'en retarder le terme. Eh, craignons plutôt le zèle contraire de ces empiriques qui, dans leurs méthodes hâtives et tranchantes, aggravent les maux de tout le poids de leurs remèdes, et qui, sans appeler le temps à leur aide, croient vaincre la nature qu'ils ne font que violenter! En admettant donc, dans ceux qui rentreroient ou resteroient en place, quelques intérêts ou quelques penchans involontaires à flatter encore quelques-unes des erreurs de la révolution; en leur prêtant une sorte de foible paternel qui les aveugle sur tous les torts de ce qu'on appelle leur ouvrage, qu'en résulteroit-il? Un traitement plus doux et plus long! eh bien, ce seroit mettre en pratique ce que la meilleure de toutes les théories devroit nous avoir appris à desirer.

Oui, tel sera sur-tout l'avantage du genre de choix que je propose; c'est que la méprise sur quelques individus ne sauroit devenir dangereuse. Qu'on n'oublie pas, d'ailleurs, que ce que je viens de dire rentre dans la sphère des spéculations et non des préceptes. Je n'ai pas voulu dire qu'il fallût admettre dans le tempérament actuel des choses, quelques combinaisons d'erreurs ou de préjugés; je n'ai fait que prévoir quel seroit leur effet dans le cas supposé.

A Dieu ne plaise que j'évoque ici l'affreux système des contre-poids dans l'ordre moral. Anathême au gouvernement ou au conseiller perfide qui ne verroit dans les erreurs et les crimes qu'un balancier politique nécessaire à l'équilibre des partis; qui, craignant la sainte et inévitable réaction de la vertu et de la mo-

rale, opposeroit à son cours les digues désor-
mais impuissantes des vices qu'il protégeroit;
qui, calculant froidement les élémens d'une
société, ne trouveroit entre l'erreur et la vérité,
le crime et la vertu, que des propriétés dis-
semblables, dont la dose et la combinaison
seroit le secret de sa politique; qui, plaçant
dans une balance sacrilège les haines respec-
tives des gens de bien et des scélérats, ne verroit là que deux passions qu'il faut comprimer
l'une par l'autre, et se croiroit permis de conserver, dans un arsenal privilégié, tous les
crimes et tous les criminels, pour s'en faire une
artillerie de réserve. Non, lorsque j'ai dit que
quelques erreurs, quelques préventions dans
la classe des candidats proposés, n'auroient
rien de si alarmant que l'on affecte de le croire,
c'est moins dans le sens absolu que par comparaison avec les erreurs et les préjugés pro-
bables d'une autre espèce de candidats. Je ne
prétends pas que l'erreur puisse jamais être
bonne à quelque chose.

D'ailleurs je n'ai pas besoin, pour soutenir
l'opinion que je défends, de ces moyens, qui
ne sont faits que pour soutenir ou justifier une
faction. En présentant à la France pour candidats
les hommes éprouvés par la révolution, je n'en
circonscris le nombre dans le cercle d'aucun
parti. Il seroit aussi contraire à mes principes
d'excuser que d'accuser en masse. Que l'élection future fasse dans la classe très-nombreuse
d'hommes qu'on lui présente, le triage des plus

purs, des plus sages, des plus inaccessibles à tous les préjugés et à toutes les séductions, tel est mon vœu, tel est l'objet de cette discussion. Si ce desir se réalise, on verra ces hommes faire par prudence et par calcul, ce que j'ai supposé que d'autres pourroient ne faire que par la suggestion de quelques passions particulières.

Le grand avantage de l'espèce d'hommes en question, sera donc d'offrir des points de comparaison, des sujets d'examen, de critique et de discernement que la classe des hommes nouveaux ne sauroit présenter. L'épreuve des emplois publics sera pour les électeurs l'unique pierre de touche, ls seule garantie qu'ils puissent obtenir. Ils devront examiner, avec une religieuse sévérité, la conduite publique de tous ceux qui furent ou sont encore fonctionnaires, s'en rappeler les détails, les circonstances, moins pour inculper ou flatter les individus, que pour éclairer leur conduite ou régulariser leurs choix; ils devront penser que les vertus privées sont un gage insuffisant des vertus publiques, que c'est sur-tout la classe d'hommes sans énergie, sans caractère et sans moyen, qui a favorisé, par une lâche indolence, tous les excès et tous les crimes. Ils devront exiger d'autres titres de probité que ceux dont on jouit facilement dans l'enceinte bornée d'une famille ou d'un canton.

Il est peu de fonctionnaires publics qui, depuis 1789, ne se soit trouvé dans des conjonctures

jonctures difficiles et souvent périlleuses; il n'en est aucun qui n'ait eu occasion de faire connoître la trempe de son caractère. Electeurs, gardez-vous de nommer ces hommes pusillanimes, chancelans, incertains, toujours disposés à pactiser avec les scélérats, toujours prêts à souffrir où à commettre, par leur condescendance, la moitié de tous les crimes; que la peur fait voter pour le mal, et qui ne votent pour le bien que par la peur du mal. S'il en est, au contraire, que la fougue de leur caractère ait rendu incapables de garder aucune mesure dans la carrière même du bien ; qui aient montré plus de témérité que de hardiesse, plus d'effervescence que de fermeté, plus de passion que de courage, craignez encore de les placer à un poste où, malgré leurs bonnes intentions, ils pourroient, par une précipitation intempestive, compromettre la restauration de la chose publique.

La France a besoin, pour sortir de la tourmente révolutionnaire, d'employer tout ce qu'elle a d'habiles manœuvriers. Qu'on ne croie pas que, pour cesser d'être battu par les vents, le vaisseau ait moins besoin de pilotes expérimentés : dans l'état où l'a mis la tempête, le plus difficile est de le ramener au port. Il faut donc savoir profiter de tous les avantages, connoître toutes les causes de la détresse, mettre à profit toutes les ressources, et réunir tous les efforts des hommes sages et courageux vers ce but commun.

D

Que faut-il faire pour y arriver ? Rétablir la paix au-dehors et au-dedans , rétablir les finances et le commerce , rétablir la morale publique et les sentimens religieux.

Toutes ces choses ne peuvent se restaurer ni tout d'un coup, ni par des moyens violens. Les hommes appelés à être les instrumens de ces grandes restaurations, ne donneroient que la mesure de leur incapacité, si, mettant l'intérêt de leur vanité à la place de l'intérêt de leurs commettans, ils prétendoient faire servir les mouvemens révolutionnaires en sens inverse, et reconstruire par les passions ce que les passions ont détruit ; sur-tout ils seroient indignes de leur mission, s'ils n'y portoient que des vues ordinaires et bornées. On doit dire la même chose au peuple appelé dans ce moment à faire le choix si important des instrumens de son salut : s'il n'a toujours devant les yeux, ou s'il perd de vue l'objet et le terme de ses vœux, il ne fera que se préparer encore de longs et inutiles repentirs.

L'usage des instructions que le peuple donnoit jadis à ses mandataires, a été, comme bien d'autres choses, aboli sans remplacement et sans modification. Peut-être a-t-on détruit là ce qui constituoit le plus éminemment la souveraineté nationale. Il eût peut-être été à souhaiter qu'en perfectionnant cet usage, et lui ôtant ce qu'il avoit de restrictif ou d'impératif, et par conséquent de contradictoire et d'illusoire dans la pratique, on l'eût conservé

(51)

soûs le rapport purement moral. L'avantage
d'une telle institution, outre le fil si précieux
de direction qu'il donneroit au représentant
dans sa conduite, seroit principalement d'éclairer le peuple sur la nature des choix qu'il auroit
à faire; seroit d'établir une sorte de méthode
dans l'opération électorale, de lui ôter en partie
ce qu'elle a d'éventuel et de fortuit. Il y auroit, n'en doutons pas, quelque chose de sage
et de bien entendu à délibérer sur la nature
présente des intérêts de la patrie, avant de
passer à la nomination de ceux qui devroient
être chargés de les défendre. Les instructions
rédigées seroient le véritable manuel des élections ; et le choix des individus qui s'ensuivroit,
deviendroit par le fait, la conséquence de quelques principes, et l'application d'une théorie
quelconque.

Il me semble donc que si les Français pouvoient encore être admis à consigner, dans
les instructions qu'ils rédigeroient, leurs besoins
et leurs vœux, un concert de voix feroit entendre ces paroles :

« Nous voulons la paix, parce que nous avons
voulu la guerre ; nous avons voulu, nous
avons fait la guerre d'une manière grande et
énergique ; mais dépasser en ce genre le point
de la force, au-delà duquel il n'y a plus qu'une
fureur aveugle, c'est manquer le but de la
guerre, c'est rendre la paix impraticable. L'abus
qu'on feroit de nos forces et de notre courage,
seroit un crime contre nous et contre l'humanité,

D 2

Nous ne voyons plus quel terme pourroit avoir une guerre dont les succès ou les revers augmenteroient et prolongeroient tour-à-tour la durée, et qui, renaissant toujours d'elle-même, ne nous donneroit d'autre perspective que quelques lauriers sur des ruines. Nous avons combattu pour qu'aucune nation ne se rendît le juge ou l'arbitre de notre gouvernement, nous ne voulons plus combattre pour être des instituteurs de gouvernemens chez les autres. Après avoir annoncé à l'Europe que nous renoncions aux conquêtes, et que nous ne prétendions nous immiscer dans aucun gouvernement, quelle est donc aujourd'hui cette double méthode, de conquérir en appuyant nos armes par nos principes, et nos principes par nos armes? Quelle étrange contradiction a changé nos soldats en législateurs, et, transformant la guerre en croisades, fait verser le sang français sur des terres lointaines, pour la propagation de quelques dogmes politiques? Nous voulons la paix, parce que la guerre ne peut plus avoir d'autre objet que de perpétuer la guerre, et parce que, si elle duroit encore, elle compromettroit la liberté même pour laquelle elle fut entreprise. Nous voulons la paix, parce que nous sommes vainqueurs, parce que la modération est le plus bel appanage de la victoire; mais nous voulons une paix solide, honorable, conforme aux intérêts présens et à venir, conforme à nos avantages, à nos sacrifices. »

« Nous voulons le rétablissement de la paix intérieure, car la liberté n'est pas le bonheur, elle n'est qu'un moyen d'y parvenir. La liberté sans bonheur seroit une cause sans effet. Et quel bonheur pour un pays quand la paix intérieure en est bannie. Une liberté qui ne produiroit que troubles, dissensions civiles, haines et scissions entre les citoyens, ou ne seroit pas la liberté, ou la liberté seroit le pire de tous les fléaux. Et cependant quelle idée veut-on que nous en prenions, s'il est vrai que le règne des crimes et des violences date pour nous du premier jour de l'ère de la liberté ; s'il est vrai que le soleil ne s'est pas encore levé sur notre territoire devenu libre, qu'il n'ait éclairé des forfaits, des vengeances, des abus monstrueux de pouvoir, inconnus aux tyrans de tous les siècles passés. A Dieu ne plaise que nous abjurions le culte de la liberté ; nous ne la rendons pas responsable des crimes de ses ministres. Mais nous en voulons enfin qui ne déshonorent plus ses autels, et qui cessent de la rendre odieuse. Nous voulons que son nom sacré ne soit plus l'épouvante des gens de bien et le mot de ralliement des pervers. Nous voulons que l'on ne persécute plus pour elle et par elle. Nous voulons que la justice la précède et que la loi la suive. Nous voulons voir disparoître ces mesures oppressives de repression, qui perpétuent les sectes pour écraser des sectaires, qui ressuscitent des castes privilégiées pour

D 3

leur donner le privilège de la proscription : ces mesures d'intérêt public qui violent tous les intérêts particuliers qui, comme des tremblemens de terre, font déserter les villes, font fuir les campagnes, font enfouir les trésors, et ne laissent après elle que la longue apathie de la stupeur. Nous voulons qu'au lieu d'évoquer sans cesse les troubles et les désordres contre la constitution, on invoque enfin la constitution contre tous les genres de perturbateurs. »

« Nous voulons le rétablissement des finances, et par rétablissement nous n'entendons plus comme au commencement de la révolution une restauration. Nous entendons qu'il faut récréer ce que la révolution a anéanti. En 1789, il y avoit un déficit dans les finances. Aujourd'hui il y a déficit de finances. Nous entendons par finances cet assemblage de toutes les parties de fortunes particulières qui, par le moyen des contributions, forment la fortune publique, et dont la circulation ainsi que l'emploi réglé constant et invariablement affecté aux destinations que la loi lui donne, fertilisent toutes les branches de l'industrie, et rend à chacun en sûreté, en liberté, en protection et en félicité commune l'intérêt de ses avances. Il ne peut y avoir de finances, ni avec le système des confiscations, ni avec les signes trompeurs d'une fausse monnoie, ni avec les moyens tortionnaires des emprunts forcés, ni avec le défaut de comptes et de responsabilité dans les ordonnateurs des dépenses, ni avec la facilité d'employer arbitrairement le produit des recettes en faveur des uns et au préjudice des autres, ni avec ces ressources usuraires qui engloutissent l'avenir dans le présent. Il n'y a point de finances sans commerce. »

« Nous voulons le rétablissement du commerce. Nous voulons jouir en ce genre de tous les avantages que nous tenons de la nature et que nous devons obtenir de la liberté. Assez forts de ces avantages pour n'avoir pas à envier ceux des autres peuples, nous demandons à offrir s'il le faut l'exemple d'une concurrence illimitée avec toutes les nations de l'Europe, à briser les premiers ces entraves fiscales, ces prohibitions meurtrières de l'industrie. Persuadés que le prix de l'industrie doit appartenir au gouvernement qui favorise le plus et le mieux la propriété et la liberté, loin de vouloir détruire chez les autres le ressort d'une émulation précieuse, nous nous ferons gloire d'imiter tout ce qui peut améliorer l'espèce humaine. Applaudissant partout à la perfection, nous ne voulons y atteindre que par la bonté de nos institutions. Réunissant par notre position la double vocation de peuple agriculteur et manufacturier, nous voulons que ces intérêts se prêtent un appui commun, et qu'aucun système exclusif ne sacrifie à des théories inéprouvées les résultats d'une longue et heureuse expérience. Nous voulons donc que la paix nous rende nos colonies sur lesquelles reposent le succès de nos manufactures, l'accroissement de notre population, et l'existence de cette force navale qui doit défendre notre territoire, protéger notre commerce, et propager avec nos relations l'honneur du nom français. »

Nous voulons enfin le rétablissement de la morale publique et des sentimens religieux. D'assez funestes effets nous ont appris que si la morale peut être la religion d'un petit nombre, la religion seule est la morale de la multitude. La religion est le complément de la morale, comme celle-ci est le supplément de la loi. Qu'est-ce que la loi sans ces deux points d'appui ? La volonté ou l'action de la force. Et quelle force peut contraindre les affections de l'ame, quelle action légale peut atteindre à la source de toutes les passions. La loi n'attaque que les effets et les actes coupables, la morale remonte jusqu'aux causes qui les produisent, elle prévient les délits. La loi n'opère que l'absence des crimes, la morale enfante les vertus. Nous voulons pour la solidité même de notre législation, qu'elle se combine avec ces deux élémens de l'économie politique, dont l'un rattache toutes les institutions humaines par la chaîne des sentimens religieux à l'auteur éternel de l'ordre immuable du monde, et dont l'autre, par le lien des affections morales, fortifie de toutes les habitudes particulières et domestiques, le grand cercle des devoirs publics et des rapports sociaux. »

Si le vœu des Français avoit reçu, par une expression formelle, un tel degré de publicité; si la manifestation générale des besoins et des sentimens communs avoit donné ainsi d'avance à chacun la conscience des devoirs que lui imposeroit la fonction électorale dans les divers degrés d'assemblées où elle s'exerce; si une règle sûre et des principes éclairés, préparant tous les esprits, n'eût plus laissé d'autre embarras que le choix de quelques hommes, peut-être concevroit-on alors quelqu'espèce d'utilité, dans ces longues nomenclatures de candidats exposées aujourd'hui à l'incuriosité publique, peut-être y trouveroit-on l'intérêt que la loi n'a su y mettre.

Cherchons au moins à tirer quelque analogie utile d'une mesure oiseuse, et plaçons à côté de ces tableaux alphabétiques le tableau raisonné des vertus, des qualités, des talens que doit avoir un véritable candidat, laissant à l'opinion publique, seule compétente en ce genre, le soin de proclamer des noms.

* * *

Je désigne donc au choix des assemblées primaires et électorales :

Celui qui, disciple modeste de cette philosophie consolatrice et amie de l'humanité, attaque avec douceur les vices et les foiblesses de ses semblables, combat l'erreur et plaint les égarés , cherche sans relâche la vérité, doute encore, après l'avoir trouvée, ne s'érige point en réformateur superbe, mais trouve toujours a apprendre dans le livre infini de la nature. Qui , sans tracer autour de lui le cercle dogmatique d'une doctrine exclusive, s'entoure de l'expérience, ne sait ni se prosterner devant un abus, ni fronder une institution, par cela seul que la rouille du temps les environne. Qui redoute autant le fer tranchant de l'athéisme, que la torche ardente du fanatisme, et ne croit pas servir l'homme en concentrant ses rapports, et rapetissant son être dans l'espace de quelques années ou l'étendue de la matière qui le compose.

Celui qui, formé à l'école des grands maîtres de l'antiquité, ces législateurs éternels de tous les législateurs , aura étudié les rapports des loix avec les mœurs, appris d'eux ce secret si précieux d'incruster la législation avec les affections domestiques, d'enter l'amour de la patrie sur celui de la famille, de composer le bonheur commun de la réunion des plus doux penchans de la nature ; d'épurer tous les sentimens; de donner pour base au systême social toutes les vertus privées , et de placer ainsi l'image de la république sous la sauvegarde tutélaire des dieux pénates , d'établir enfin au fonds de la conscience de chaque homme un surveillant fidèle de ses devoirs.

Celui qui, jaloux du bonheur de son pays, sans jalouser la prospérité des autres, égale ment éloigné de cette philantropie dont la vaste affection ne sait embrasser la patrie qu'avec l'univers, et de cet égoïsme ignorant, dont la jouissance ne s'étend que jusqu'à l'horison de son territoire, a étudié les relations commerciales des peuples, calculé les intérêts de leurs liaisons, a appris à combiner les ressorts de la politique avec ceux de l'industrie, à faire servir l'une au progrès de l'autre, et se propose toujours, pour objet de tous ses plans, de servir le genre humain, dans son pays, et d'améliorer son pays par l'amélioration de l'espèce humaine.

Celui qui connoît en détail, et par expérience, les ressources et les besoins de la France, les divers genres de ses richesses ; la différente nature de ses exploitations, les progrès qu'elles comportent, les moyens de favoriser et d'acroître, dans toutes les parties, la circulation, sans laquelle chaque genre de produit n'est souvent qu'un fardeau pour les possesseurs, et un gage de disette. Qui, dans ses savantes théories, éclairé par les faits, repousse également ces calculs d'administration générale, que dément la nature locale des choses, et ces mesures retrecies, qui substituent la résistance des petits intérêts, à l'action puissante d'une volonté commune.

Celui qui, sans avoir été un financier, connoît les finances et leur admimirtration, qui, loin d'en faire une science occulte, en a puisé les simples règles dans l'économie domestique , qui , tout en simplifiant ses élémens, apprécie cependant toute la multiplicité des détails qu'elle comporte , qui sait le secret de de tous les abus, et en a prévu le remède , qui aura le courage de lutter contre toutes les habitudes vicieuses, qui ne trouve aucun désordre trop grand dans un pays riche de ses propres ressources , pour désespérer de la fortune public , ni aucun abus trop léger quand il s'agit de la propriété générale. Qui, à un caractère ferme et prononcé , joint l'habitude et la souplesse de l'esprit, qui , par la supériorité de ses lumières , commande la confiance , et dont la moralité garantisse aux engagemens publics , cette foi tant jurée, et ce respect de la propriété qui dispense de tous les sermens.

Celui pour qui la révolution , n'ayant été que l'instrument de la liberté, comme la liberté doit l'être du bonheur, n'éprouve ni le besoin de constituer son repos par les troubles , ni celui de distraire, par de nouvelles agitations, l'attention publique de sa conduite politique ; qui n'a jamais dévié de la ligne de la morale ; qui donne pour gages à la révolution, non des crimes, mais des vertus ; qui , ennemi de la tyrannie sous quelque nom qu'elle se cache, est prêt à combattre tous les genres d'oppression et d'oppresseurs ; qui n'a jamais eu d'intelligences dans le camp des adversaires de l'ordre et de la justice ; qui n'a jamais déshonoré la cause de la liberté par aucune alliance avec ses ennemis naturels, et n'appelle à la défense de la constitution d'autre puissance que la constitution elle-même.

Celui qui sincère ami de la liberté, et très-différent de ceux qui ne veulent de la république que pour eux, et ne voient qu'en eux la république, ne croit pas à la liberté comme à un dogme, à l'égalité comme à un mystère, et ne pense pas que les Français aient reçu la mission de faire, au prix de tout leur sang, la conquête universelle du monde, à des abstractions métaphysiques ; mais qui, tout en mettant à la liberté politique, le prix que doit y mettre un peuple sage et courageux, sait aussi placer dans la balance de cette acquisition, les larmes et l'existence de toute une génération, qui veut que la guerre ne soit que le moyen de la paix, et qu'une paix faite par l'excès de la violence ne redevienne pas l'aliment de la guerre.

Celui qu'une heureuse aisance a mis dans l'indépendance des besoins et de la cupidité ; pour qui la propriété n'est qu'un lien de plus à l'ordre public ; qui n'a trouvé dans la révolution, ni des titres à la fortune, ni l'émancipation d'un penchant envieux, ni une vocation présomptueuse aux emplois ; qui n'a su que mériter le choix de ses concitoyens, sans briguer ni fuir leurs suffrages ; qui, résigné d'avance à la disgrace populaire, est toujours prêt à servir dans tous les grades, à obéir à ceux qu'il a commandés, et ne voit jamais d'emplois au-dessous de lui, dès qu'on peut y être utile.

Celui en qui l'amour de la justice est un heureux instinct, éclairé par la réflexion et développé par la pratique; qui s'est rendu tellement recommandable par cette vertu, que ses concitoyens le prendroient pour arbitre dans sa propre cause, et ses ennemis même dans la leur; qui ne croit point le salut public une loi plus suprême que la justice, ni qu'il puisse y avoir pour les peuples et leurs chefs une autre morale que pour les particuliers; qui, plein de sa divinité, ne cesseroit de lui faire des adorateur, et, s'attachant sans cesse aux pas des ambitieux, les dénonceroit à la haine publique; qui comme Caton d'Utique son modèle, arriveroit toujours au sénat le premier et en sortiroit le dernier, pour qu'il ne s'y fît rien en son absence contre la justice et les loix.

Celui dont la fortune ne s'est pas grossie des misères publiques; qui n'aura jamais spéculé sur la détresse et les calamités de ses semblables; qui n'a point enlevé à l'orpheline la vigne de ses pères, mais qui, défenseur généreux des droits de la nature, en aura fait entendre la voix plaintive, et toujours importune, aux oreilles de la tyrannie; dont les accens énergiques et touchans auront plaidé la cause du malheur devant le tribunal de la force, et lancé le remords dans ces cœurs indignes de recevoir la pitié.

Celui qui donne à ses concitoyens pour gage de leur confiance, non des espérances, mais des épreuves, qui peut présenter sa vie toute entière, et défier ses ennemis de trouver dans l'exercice et les actes des fonctions publiques dont il fut investi, soit un sacrifice aux principes destructeurs de l'ordre, soit une flatterie aux puissances du jour, soit une composition avec la morale et ses devoirs; qui, plus sensible au bonheur qu'aux acclamations du peuple, ne sacrifie pas à la louange du moment les intérêts de l'avenir, et, ne perdant jamais de vue le but de la législation, étend ses regards aux grandes combinaisons qui échappent souvent à la stérile approbation des contemporains pour préparer l'admiration et la reconnoissance de la postérité.

Celui qui, plaçant le vrai courage dans la modération, et investi d'une réputation qu'il ne soit plus maître de démentir, puisse porter à la tribune, la conscience de ce qu'il est, et sache faire, dans des momens difficiles, cette impression salutaire que ne peuvent manquer de produire les discours sans art, mais persuasifs, et la sérénité sans affectation, d'un homme de bien par excellence.

Celui qui, à de longues méditations sur l'art social, la législation et la politique, joint l'heureux don d'une élocution facile; qui, sans briguer les charmes souvent trompeurs d'une éloquence ambitieuse, sait manier habilement l'art de la parole; qui sera toujours des premiers à la tribune sur toutes les questions d'intérêt général et de morale publique; qui sera toujours préparé dès qu'il s'agira de lutter contre les passions, et de faire tête aux factieux ; qui saura jeter des lumières dans toutes les questions ; qui, battu quelquefois, mais jamais vaincu, mais ne consultant jamais les intérêts de son amour-propre, et ne calculant ni la faveur, ni la défaveur d'une cause, saura mépriser la renommée pour la réputation, et n'attachera jamais son nom à une discussion, qu'au gré de sa conscience et par les inspirations du devoir.

Celui qui a puisé dans l'histoire du passé, non la connoissance de quelques hommes, mais la connoissance de l'homme, qui, instruit des faits, en a pénétré les rapports, les causes et les dépendances, qui appréciant les proportions des choses et des hommes, en raison de la distance des temps et de la variété des circonstances, ne sait ni se passionner pour un modèle exclusif que le microscope de l'imagination agrandit, ni mépriser les rapprochemens que les passions humaines offrent à l'observation et à l'instruction des générations successives, qui ne place la grandeur d'un peuple, ni dans l'extension de son territoire, ni dans le développement exagéré de ses forces, ni dans l'irritation de l'orgueil national, ni dans la ridicule singerie d'un peuple conquérant, ni dans l'imitation guindée des institutions étrangères, mais, qui a appris dans les Annales des nations et dans le Manuel de la nature, que chaque peuple a des formes de caractère déterminées qui

peuvent

peuvent toutes produire de grands et de bons effets, pourvu qu'une sage législation en aide le développement, qu'enfin avant d'être tout ce qu'ont été les autres peuples, il faut commencer par être tout ce qu'on peut être, et pour cela ne vouloir être rien de plus, sous peine de n'être rien.

Celui que les maux de la patrie occupent sans cesse, qui, peu semblable à ces hommes très-chauds pour la république, et très-indifférens à la chose publique, dont l'insouciance approuve toutes les constitutions et les admire pour se dispenser de les connoître, a constamment cherché tous les moyens de restauration et d'amélioration dans le gouvernement; qui respecte les gouvernans et le prouve par les salutaires vérités qu'il leur adresse, en qui le souvenir des calamités passées n'a produit d'indignation que contre le crime, qui oubliant les malheurs personnels, pour n'appercevoir que le spectacle du malheur commun, sans fiel contre les persécuteurs, sans ressentiment contre la persécution, ne prépare d'autre vengeance aux scélérats que la prospérité générale, et ne veut voir punir les crimes de quelques hommes que par le bonheur de tous.

Celui qui aime la constitution parce qu'elle est le garant de l'ordre public, et non parce qu'elle est la sauve-garde de ses désordres privés, qui est décidé à en maintenir l'exécution, et à en préparer le perfectionnement, qui prêche le respect pour la lettre même de la loi, et travaille à en faire connoître l'esprit. Qui ne regarde point une charte constitutionnelle comme un cadre où les loix peuvent devenir mobiles au gré des passions, mais comme un centre autour duquel doivent se consolider tous les usages et se réunir toutes les volontés, Qui n'usera jamais de l'art sophistique de détourner le vrai sens de la loi par des interprétations captieuses, par des restrictions immorales, par des arguties grammaticales. Qui également en garde contre la superstition d'un culte judaïque n'enfermera pas la pensée de la loi dans le cercle mystique des figures qui la retracent; qui n'en fera, ni un talisman ridicule, ni un jouet profane, qui sera convaincu que l'ouvrage de la législation, comme l'œuvre de la nature, a ses périodes, ses vicissitudes, et qu'enfin, quand on travaille, non pour l'instant, mais pour le temps, c'est par le temps et avec le temps qu'il faut opérer le bonheur des hommes.

Celui enfin, celui sur-tout, qui appelé déjà aux fonctions publiques, n'a pas, spectateur oisif de tous les attentats, sanctionné le crime par son silence, fondé sa sûreté sur sa nullité, constitué la tyrannie par son inertie, et le règne de l'assassinat par sa complaisance, qui ne s'est pas caché derrière les rangs aux jours de bataille, pour venir après triompher avec le plus fort, qui n'a ni prostitué ses suffrages à la peur, ni vendu sa conscience à son intérêt, ni sauvé sa tête au prix de son honneur, mais qui courageux sans bravade, ne sait ni briguer par orgeuil le poste du danger, ni fuir le danger, quand c'est le poste du devoir, qui ne croit pas compromettre son salut, lorsqu'il l'expose pour celui de ses concitoyens, et qui n'a besoin, ni d'effort, ni de réflexion pour préférer la mort à l'infamie.

F I N.

DE L'IMPRIMERIE de Fauvelle et Sagnier, rue Neuve-d'Orléans, boulevard S.-Denis, nº 230.